Luis Vélez de Guevara

Reinar después de morir

Barcelona **2024**
Linkgua-ediciones.com

Créditos

Título original: Reinar después de morir.

© 2024, Red ediciones S.L.

e-mail: info@linkgua.com

Diseño de cubierta: Michel Mallard.

ISBN tapa dura: 978-84-1126-148-7.
ISBN rústica: 978-84-96290-61-7.
ISBN ebook: 978-84-9897-990-9.

Sumario

Brevísima presentación

La vida

Luis Vélez de Guevara (Écija, Sevilla, 1579-Madrid, 1644). España.

Nació en una familia acomodada, se licenció en artes en 1595 por la Universidad de Osuna y poco después entró al servicio del cardenal-arzobispo de Sevilla. En 1600 se fue a Italia y se alistó en la milicia del conde de Fuentes, después estuvo bajo el mando de Andrea Doria y Pedro de Toledo. Tras una corta estancia en Valladolid, vivió en Madrid y, al servicio del conde de Saldaña, se dedicó al ejercicio de la abogacía y de las letras. El cargo de ujier de cámara del rey, que consiguió en 1625, no le permitió mantener con holgura a su numerosa familia.

El amor y el poder

Esta obra relata la historia de Inés de Castro, hija de Pedro Fernández de Castro y Aldonza Soares de Valladares; emparentada con la familia real castellana.

Al morir su madre siendo niña, Inés fue llevada a Valladolid, al castillo de Peñafiel, donde creció en compañía de Constanza Manuel, la hija del infante don Juan Manuel.

En 1341, Constanza se casó con Pedro I de Portugal, llamado El Justiciero, y al poco tiempo éste fue amante de Inés de Castro. La relación puso en peligro la corona de Alfonso IV y, con la aprobación de la corte, Alfonso ordenó que Inés fuese ejecutada.

Tras el asesinato, Pedro lideró un levantamiento que sumió a Portugal en una larga guerra civil que terminó en 1357. Entonces Pedro hizo público su matrimonio e Inés fue coronada junto a él y desenterrada en 1360 en medio de la veneración general.

Personajes

Alonso, niño
Álvar González
Brito, criado
Cazadores
Dionís, niño
Doña Blanca, infanta de Navarra
Doña Inés de Castro
Egas Coello
El condestable de Portugal
El príncipe don Pedro
El rey don Alonso de Portugal
Elvira, criada
Músicos
Nuño de Almeida
Violante, criada

Jornada primera

En el palacio real de Lisboa. Sale⁻ músicos cantando, el príncipe vistiéndose, y el condestable.

Músicos	«Soles, pues sois tan hermosos,
	no arrojéis rayos soberbios
	a quien vive en vuestra luz,
	contento en tan alto empleo.»

Príncipe   La capa.

Músico 1   El príncipe sale.

Músico 2   Prosigamos.

Príncipe   El sombrero.

(Cantan.)

Músicos	«Vuestra benigna influencia
	mitigue airados incendios,
	pues el raudal de mi llanto
	es poca agua a tanto fuego.»

Príncipe	¡Ay, Inés, alma de cuanto
	peno y lloro, vivo y siento!
	Proseguid cantad.

Músico 1   Digamos
otra letra y tono nuevo.

(Cantan.)

Músicos	«Pastores de Manzanares,
	yo me muero por Inés,
	cortesana en el aseo,
	labradora en guardar fe.»
Príncipe	Parece que a mi cuidado
	esa letra quiso hacer,
	lisonjeándome el alma,
	eterna en mi pecho a Inés.
	Volved, volved por mi vida
	a repetir otra vez
	aquesa letra, cantad,
	que me ha parecido bien.

(Cantan.)

Músicos	«Pastores de Manzanares,
	yo me muero por Inés,
	cortesana en el aseo,
	labradora en guardar fe.»
Príncipe	Pues los pastores publican
	que tanta hermosura ven
	en la deidad de mi amante,
	con justa causa diré
	que en perderme fui dichoso,
	en tan soberano bien.
	Siempre que llega al Mondego
	parece que solo al ver
	a mi Inés bella, las aves
	quisieran besar su pie.
	Las plantas de su deidad
	reciben fruto. No hay mes
	que en viéndola no sea mayo;

no hay flor que a su rosicler
no tribute vasallaje.
Si aquesta es verdad, si es
dueño de aves y plantas
y de todo cuanto ve
el cielo en la tierra hermosa,
no la lisonjeo en ser
también yo su esclavo, amor;
pues a mi Inés me humillé,
pues me rendí a su hermosura
a voces confesaré,
diciendo con toda el alma
a los que amantes me ve:
«Pastores de Manzanares,
yo me muero por Inés,
cortesana en el aseo,
labradora en guardar fe.»

(Sale Brito, de camino.)

Brito   Déla vuestra alteza a Brito,
               príncipe, a besar sus pies.

Príncipe   Brito, seas bien venido.
               ¿Cómo delas a mi bien?

Brito   Déjame alentar un poco
               y luego te lo diré,
               que aun no pienso que he llegado,
               que un rocín de Lucifer
               que el portugués llama posta,
               que jebao llama el francés,
               y el bridón napolitano
               algunas veces corsier,

de tan altos pensamientos,
que en subiendo encima de él,
anda a coces con el Sol
y a cabezada después;
me trae sin tripas, que todas
se me han subido a la nuez,
a hacer gárgaras con ellas,
sin lo que toca al borrén
que viene haciéndose ruedas
de salmón.

Príncipe   Calla, no des
suspensión a mi cuidado
sino, dime, ¿cómo fue
tu viaje? Cuenta, Brito,
que ya deseo saber
nuevas de mi hermosa prenda.
Habla, Brito.

Brito   Bueno, a fe,
para contarlo quedamos
solos los dos.

Príncipe   Dices bien.
Condestable, despejad;
y a estos músicos les den,
cuando no por forasteros,
porque han celebrado a Inés,
mil escudos.

Condestable   Despejad.

Príncipe   Id con Dios.

Músico 1	El cielo dé a vuestra a teza, señor, un siglo de vida, amén.
Príncipe	Id con Dios.
Músico 1	¡Qué gran valor!
Músico 2	¡Qué cordura!
Músico 1	Octavio, ven. No es señor quien señor nace, sino quien lo sabe ser.

(Vanse los músicos y el condestable.)

Príncipe	Ya, Brito, quedamos solos; dime, ¿cómo queda Inés? ¿Cómo la dejaste, Brito? Responde presto.
Brito	A perder el sentido cada instante que entre tus brazos no esté.
Príncipe	¿Y Alonso y Dionís?
Brito	El uno es jazmín y otro clavel, y cada cual es retrato de los dos
Príncipe	Has dicho bien; prosigue, prosigue, Brito.

Brito	Oye y te la pintaré
	si de tanta beldad puede
	ser una lengua pincel.
	Llegué a Coímbra apenas
	ayer, cuando al blasón de sus almenas
	a un tiempo hicieron salva
	los músicos de cámara del alba,
	el Sol, y luego el día,
	y primero que todos mi alegría.
	Guié los paso luego
	a la quinta, Narciso del Mondego,
	que guarda en dulce empeño
	la beldad soberana de tu dueño,
	cuando, dando al Aurora
	celos, el Sol parece que enamora
	el oriente divino
	de Inés, Sol para el Sol más peregrino.
	que aun no he llegado creo,
	piso el umbral y en el zaguán me apeo.
(Aparte.)	(Que gustan los amantes
	que les vayan contando por instantes,
	por puntos, por momentos,
	las dichas de sus altos pensamientos,
	que brevemente dichas
	no les parece que parecen dichas.)
	Al fin al cuarto llego,
	alborozado, sin aliento, y luego
	a las cerradas puertas,
	solo a tu amor eternamente abiertas,
	dos veces toco en vano,
	que en este oriente aun era muy temprano;
	si bien tu hermoso dueño,
	rendida a su cuidado más que al sueño,

voces dio a las criadas,
menos de mi venida alborozadas.
Perdóneme Violante,
a quien más debe el sueño que su amante,
mas yo, como es mi vida,
la quiero bien dormida y bien vestida,
esté ausente o presente
porque mi amor es menos penitente.

Príncipe Pasa, Brito, adelante
y con mi amor no mezcles a Violante,
ni burlas con mis veras,
que espero nuevas de mi bien.

Brito   Esperas
las que siempre procuro
yo traerte, ¡vive Dios! Al fin el muro,
el oriente dorado
de aquel Sol, de aquel cielo, franqueado,
sin reparo ninguno,
corro los aposentos uno a uno
y no paro hasta donde
está la esfera que tu Sol esconde;
su amor me desalumbra,
y sin la permisión que se acostumbra,
verla y hablarla trato,
que el alborozo precedió al recato.
Entro, al fin, sin sentido,
y en el dorado tálamo que ha sido
teatro venturoso
más de tu amor que del común reposo,
amaneciendo entonces
y enamorando mármoles y bronces,
los ojos en estrellas,

en nieve y nácar las mejillas bellas,
en claveles la boca,
la frente y manos en cristal de roca,
en rayos los cabellos,
entre Alonso y Dionís, tus hijos bellos,
asidos a porfía
—por maternal terneza o compañía—
del cuello de alabastro,
deidad admiro a doña Inés de Castro;
aurora en carne humana,
taraceado abril con la mañana,
todo un cielo abreviado
y al Sol de dos luceros abrazado.
Quedé tierno y dudoso,
que, como de aquel árbol generoso
tan hermoso pendían,
racimos de diamantes parecían;
ella, amor ostentando,
aunque de honestidad indicios dando
a la nieve divina,
de púrpura corriendo otra cortina,
que de tales mujeres
siempre son los recatos sumilleres;
más encendida aurora,
sobre las almohadas se incorpora,
y ya, como embarazos,
deja a Dionís y Alonso de los brazos,
que de sentido ajenos,
favores y ternezas no echan menos,
tanto en tan dulce empeño
pueden los pocos años con el sueño;
y con ansia infinita,
antes que una palabra me permita,
ni besarla una mano

—recato portugués o castellano—
me dijo: «¿Cómo dejas
a Pedro, Brito?». Y con celosas quejas
prosiguió, más hermosa
que lo esté una mujer que está celosa,
porque han dado los celos
hasta el color que viste a los cielos,
tu tardanza culpando
en Santarén con doña Blanca, cuando
tu padre la ha traído
para tu esposa.

Príncipe Perderé el sentido,
Brito, si Inés no fía
todo su amor a toda el alma mía.
Primero verá el cielo
su vecindad de estrellas en el suelo,
verá la noche fría
que puede competir al claro día,
que falte la firmeza
con que yo adoro a Inés.

Brito Oiga tu alteza.
Basta, basta, no ofusques
mi relación ni imposibles busques
mal guisados, ni modos,
que yo los doy por recibidos todos,
y lo mismo hará el dueño
por quien me he puesto en semejante empeño.
Al fin escucha atento.

Príncipe Prosigue.

Brito Como digo de mi cuento...

Príncipe	Acaba.
Brito	Ven conmigo; la tal Inés, en la ocasión que digo, finezas y ansias junta, y entre falsa y celosa me pregunta: «Dime, Brito, ¿es bizarra doña Blanca la infanta de Navarra, de Pedro nueva empresa, que viene a ser de Portugal princesa?» Yo la respondo entonces, haciéndome de pencas y de gonces: «Aunque Blanca no es muy fea, es contigo muy poca taracea, moneda mal segura que no puede correr con tu hermosura, y si intenta igualarse contigo, muy de noche ha de pasarse.» En esto despertaron Dionís y Alonso, y juntos preguntaron a una vez por su padre; enternecióse oyéndolos la madre; o fuese amor o celos, tocó a anegar en lágrimas dos cielos, y en lluvias tan extrañas, sartas de perlas hizo las pestañas que en sus luces hermosas de perlas se volvía mariposas, y abrasándose en ellas granizaron los párpados estrellas; y viendo contra el día que abajo tanto cielo se venía, calmando sus recelos

18

dile tu carta y serenó sus cielos.
Cedióse a su alegría,
convaleció de su tristeza el día,
quedó el Sol sin nublado,
porque del desperdicio aljofarado
al último suspiro
mucho cristal sobró para zafiro.
Tomó el pliego y besóle,
y tres o cuatro veces repasóle
con señas diferentes
—que es costumbre de espías y de ausente—.
Pidió la escribanía,
volvió otra vez a perturbarse el día,
los cielos se cubrieron,
a la tinta las lágrimas suplieron
y mientras escribía,
un alma en cada lágrima cabía,
siendo en tantos renglones
las almas muchas más que las razones;
cerró llorando el pliego,
sellóle, despachóme y partí luego
otra vez por la posta,
pareciéndome el mundo senda angosta,
y con el «fuera, aparta»,
entré por Santarén y ésta es su carta.

Príncipe	Levanta, Brito, del suelo,
	que solo tú puedes dar
	tal alivio a mi pesar,
	tal fin a mi desconsuelo.
	Toma esta cadena, Brito,
	en tanto que a besar llego
	las letras de aqueste pliego
	que Inés con el llanto ha escrito.

Brito	Besa muy enhorabuena, mientras que, tomada a peso, primero yo también beso las letras de esta cadena. ¡El rey!
Príncipe	¿Mi padre?
Brito	Señor, él mismo.
Príncipe	El pliego guardaré de Inés.
Brito	Y yo a guardar iré mi cadena, que es mejor.

(Sale el rey don Alonso.)

Rey	¿Príncipe?
Príncipe	¿Señor?
Rey	¿Qué hacéis?
Príncipe	¿Vos aquí?
Rey	No hay que admiraros de que venga yo a buscaros, Pedro, pues vos no lo hacéis. Yo os quisiera hablar despacio.
Príncipe (Aparte.)	(Hoy corre mi amor fortuna.)

(A Brito.)

Rey   ¿Quién sois vos?

Brito   Señor, soy una
sabandija de palacio.

Rey   ¿De qué al príncipe servís?

Brito   De mozo fdalgo.

Rey   Bien,
¿de camino estáis también?

Brito   Soy su maza.

Rey   ¿Qué decís?

Brito   Que voy siempre con su alteza
adonde quiera que va.

Rey   Y aun donde no va.

Brito   Esa es ya

maliciosa sutileza.

Rey   Algo desembarazado
sois.

Brito   Sí, señor poderoso,
que en palacio al vergonzoso
siempre el refrán ha culpado.

Rey	¿Cómo os llamáis?
Brito	Brito.
Rey	¿Vos sois Brito? Quien sois sé, sois hombre de mucha fe.
Brito	Eso sí, señor, por Dios, porque con ella he servido a su alteza, como ya de mí satisfecho está.
Príncipe	Es Brito muy entendido, con razón le estimo y quiero, téngole notable amor.
Rey	Para que le hagáis favor no habrá menester tercero, que en esto debe tener gran maña y agilidad.
Brito	Mintió a vuestra majestad quien fe de ese parecer, que a su alteza no le han dado tan poca parte los cielos, que haya menester anzuelos en el ardid del criado. No me ha menester a mí para ninguna facción, porque los méritos son siempre terceros de sí; y cuando en alguna se halle

dificultosa de obrar,
no ha de ir, ni es justo, a buscar
alcahuetes a la calle.

   Porque el príncipe es humano
y alguna vez se enamora,
aunque a esta plaza hasta agora
no le he tomado una mano.

   Vuestra real majestad
perdone estas baratijas,
porque hasta en las sabandijas
la defensa es natural.

   Y adiós, que contra cautelas
de palacio asisto en mí,
que estoy indecente así
con botas y con espuelas.

(Vase Brito.)

Rey   Pedro, los que hemos nacido
padres y reyes, también
hemos de mirar al bien
común más que al nuestro.

Príncipe   Ha sido,
   padre y señor, atención
debida a esa majestad.
¿Qué me mandáis?

Rey   Escuchad.
Veréis que tengo razón.
   Yo os he casado en Navarra
con la infanta, que Dios guarde;
y en Lisboa, a vuestras bodas
se han hecho fiestas y tales

que todos nuestros fidalgos
procuraron señalarse
dando muestras con su afecto
de ser nobles y leales.
Después que llegó la infanta
he reparado que sale
a vuestro rostro un disgusto
que os divierte de lo afable,
os retira de lo alegre,
y solo pueden llevarse
aquestos extremos, Pedro,
con el mucho amor de padre.
Doña Blanca disimula,
y aunque la causa no sabe,
piensa sin duda que es ella
causa de vuestros pesares.
Hacedme gusto de verla
con amoroso semblante;
príncipe, desenojadla,
que es vuestra esposa, no halle,
cuando con vos tanto gana,
el perderse en el ganarse.
Yo os lo ruego como amigo,
os lo pido como padre,
os lo mando como rey,
no deis lugar a enojarme.
Ella viene, aquí os quedad,
prudente sois, esto baste.

(Vase el rey.)

Príncipe   ¡Ay Inés, cómo por ti,
                    loco, rendido y amante,
                    ni admito la corrección

ni hay ventura que me cuadre!

(Sale la infanta.)

Infanta   Guarde Dios a vuestra alteza.

Príncipe   ¿Señora?

Infanta   ¿Príncipe?

Príncipe   Dadme
la mano a besar.

Infanta   Señor,
deteneos. No es galante
acción que beséis mi mano,
cuando acvierto que no sale
ese cortesano afecto
ce marido ni de amante.
Yo, señor, soy vuestra esposa
y debéis considerarme
reina ya de Portugal
si fue de Navarra infante.

Príncipe (Aparte.)   (Eso no, viviendo Inés.)
Señora, solo un instante
os suplico que me deis
audiencia: sentaos y hable
el alma, que muda ha estado
hasta poder declararse.

Infanta   Decid.

Príncipe   Atended.

Infanta	Ya oigo. Pasad, Príncipe, adelante.
Príncipe	Casé, señora, en Castilla, obedeciendo a mi padre, primera vez con su infanta, que en globos de estrellas yace. Tuve de esta dulce unión un hijo, y puesto que sabe vuestra alteza estos principios, paso a lo más importante. Cuando mi difunta esposa vino conmigo a casarse, pasó a Portugal con ella una dama suya, un ángel, una deidad, todo un cielo; perdóneme que la alabe, vuestra alteza, en su presencia, que informada de sus partes importa, porque disculpe osadas temeridades cuando advertida conozca las causas de efectos tales. Era al fin por acabar la pintura de esta imagen, el retrato de este Sol, de este archivo de deidades, doña Inés de Castro Coello de Garza, que con su padre pasó a servir a la reina, mejor dijera a matarme; y aunque siempre su hermosura fue una misma, ni un instante

me atreví, señora, a verla
con pensamientos de amante,
que a sola mi esposa entonces
rendí de amor vasallaje,
hasta que cruel la Parca
le cortó el vital estambre.
Muerta mi esposa, trató
casarme otra vez mi padre
con vuestra alteza, señora,
que el cielo mil siglos guarde,
sin que este segundo intento
conmigo comunicase;
yerro que es fuerza que agora
vuestro decoro le pague,
y le sienta yo, por ser
vuestra alteza a quien se hace
la ofensa; que el sentimiento
no será bien que me falte
a tiempo que por mi causa
padecéis tantos desaires.

(Aparte.) (Confusa, hasta ver el fin,
será fuerza que se halle.
Mas supuesto que es forzoso
el decirlo y declararme,
rompa el silencio la voz
pues que no puedo excusarme.)
    Muerta, señora, ya mi esposa amada,
querida tanto como fue llorado,
pasados muchos días de tormento,
difunto el gusto y vivo el sentimiento,
en un jardín, al declinar el día,
mis imaginaciones divertía,
mirando cuadros y admirando flores,
archivos de hermosuras y de olores.

Al doblar una punta de claveles,
de esta hermosa pintura los pinceles,
al pasar por un monte de azucenas,
que mirar su blancura pude apenas,
porque la candidez de su hermosura
la vista me robó con la blancura;
y en una fuente hermosa,
que tendía el remate de una rosa,
para su adorno un fénix de alabastro,
vi a doña Inés de Castro,
que al margen de la fuente
se miraba en el agua atentamente;
y olvidado de mí, viendo mi muerte
en su deidad, la dije de esta manera:
    «Nunca pensé que pudiera,
muerta mi esposa, querer
en mi vida otra mujer,
ni que otro cuidado hubiera
con que el dolor divirtiera
de mi pena y mi dolor;
pero ya he visto en rigor,
advirtiendo tu deidad,
que aquello fue voluntad,
y aquesto solo es amor.
    ¿Cómo puede ser —¡ay cielos!—
que en mi casa haya tenido
el mismo amor escondido,
sin que remontase el vuelo
a su atención mi desvelo?
¿Cómo este bien ignoré?
¿Cómo ciego no miré,
cómo en esta luz hermosa
no fui incauta mariposa,
y cómo no te adoré?»

Hice este discurso apenas,
cuando a mirarme volvió
el rostro, y entonces yo
puse silencio a mis penas.
Heladas todas las venas,
quedé, mirándola, helado;
ella, el aliento turbado,
quiso hablar, hablar no pudo,
quedó suspensa y yo mudo,
en su imagen transformado.

El alma al verla salió
por la puerta de los ojos,
y a sus plantas, por despojos,
las potencias le ofreció;
el corazón se rindió
solo con llegar a ver
esta divina mujer,
y ella, viéndome rendido
y en su hermosura perdido,
pagó con agradecer.

Desde este instante, señora,
desde aqueste punto, infanta,
hicimos tan dulce unión
reciprocando las lamas,
que girasol de su luz,
atento a sus muchas gracias,
vivo en ella tan unido
debajo de la palabra
y fe de esposo, que amor
cuando perdido se halla,
para poderla cobrar
se busca entre nuestras ansias.
En una quinta que está
cerca del Mondego, pasa

ausencias inexcusables,
solamente acompañada
a ratos de mi firmeza
y siempre de mi esperanza.
Tenemos de aqueste logro
de Cupido, de esta llama
del ciego dios, dos infantes,
dos pimpollos y dos ramas,
tan bellos, que es ver dos soles
mirar sus hermosas caras.
Querémonos tan conformes,
son tan unas nuestras almas,
que a un arroyo o fuentecilla
adonde algunas mañanas
sale a recibirme Inés,
todos los de la comarca
llaman, por lisonjearnos,
el Penedo de las ansias.
En fin, señora, mi amor
es tan grande que no hay planta
que para amar no me imite,
no hay árbol que con las ramas
esté tan unido como
lo estoy con mi esposa amada.
Y aunque parezca desaire
a vuestra alteza contarla
aqueste empleo, he advertido
que es mejor, para obligarla,
cuando engañada se advierte,
decirlo y desengañarla,
pues cuando de Portugal
no sea reina, en Alemania,
en Castilla y Aragón,
hay príncipe que estimaran

saber aquesta ventura
que habéis juzgado a desgracia;
y porque me espera Inés
y culpará mi tardanza,
dadme licencia, señora,
que a verme en su cielo vaya,
pues es bien que asista el cuerpo
allá donde tengo el alma.

(Vase el príncipe.)

Infanta   ¿Han sucedido a mujer
como yo tales desaires?
¿cómo es posible que viva
quien ha oído semejante
injuria? ¡Al arma! ¡Venganza!
Despida el pecho volcanes
hasta quedar satisfecha.
Muera conmigo quien hace
que a una infanta de Navarra
el decoro le profanen.
¡Que una mujer celosa y agraviada
sola consigo mismo es comparada!
¡Que si la aflige amor y acosan celos,
aun seguros no están de ella los cielos!

(Vase la infanta. En la quinta cerca del Mondego.)

Salen Inés, en traje de caza, con escopeta, y Violante, criada.

Violante   ¿No estás cansada, señora?

Inés   Sí, Violante, y triste estoy;
hacia el Mondego me voy,

que el Sol el ocaso dora;
    y antes que sea más tarde,
pues Pedro no viene, quiero
retirarme.

Violante
                    Siempre espero
que hagas de tu gusto alarde,
    sin cuidados amorosos.

Inés
Violante, no puede ser,
que en la que llega a querer
no hay instantes más gustosos
    que los que da a su cuidado.
¿Qué será no haber venido
mi Pedro?

Violante
                    Le habrá tenido
el rey, su padre, ocupado;
    desecha ya la tristeza
que te aflige.

Inés
                    No te asombre;
que, aunque Pedro es rey, es hombre,
y temo olvidos.

Violante
                    Su alteza
    solo en ti vive, señora,
solo tu amor le desvela.

Inés
Como el pensamiento vuela,
hizo este discurso agora.
    Violante, advierte mi pena;
que no temo sin razón,
ni esta profunda pasión

es bien que la juzgue ajena;
    el príncipe, mi señor,
aunque amante le he advertido,
se ve, Violante, querido,
y esto aumenta mi temor;
    advierto que está delante,
contrastando mi fortuna,
una hermosa Venus, una
Blanca, de Navarra infante;
    su padre quiere casarle,
aunque casado se ve,
y puede ser que mi fe
llegue, Violante, a cansarle;
    mira tú si mi fortuna
infelice puede ser,
que a la más cuerda mujer
se la doy de dos la una;
    toma la escopeta allá,
ya que ésta la quinta es.

Violante   Descansa, señora, pues.

Inés   Todo disgusto me da.

Violante   ¿Quieres, señora, que cante,
para divertir tu pena,
una letra nueva y buena
que te alegre?

Inés   Sí, Violante;
    canta, y no por alegrar
mi pena te lo consiento,
sino porque a mi tormento
quisiera un rato aliviar.

(Cantan.)

Violante   Saüdade minha,
                ¿cuándo vos vería?

Inés   Diga el pensamiento,
                pues solo él siente,
                adorado ausente,
                lo que de vos siento;
                mi pena y tormento
                se trueque en contento
                con dulce porfía.
                   Saüdade minha,
                ¿cuándo vos vería?

Violante   Minha saudade
                caro senhor meu
                ¿a quem direi eu
                tamanha verdade?
                Na minha vontade
                de noite e de dia
                siempre vos veria.
                   Saüdade minha,
                ¿cuándo vos vería?
(Sigue hablando.)   Parece que se ha dormido,
                y con paso diligente
                vuelve atrás la hermosa frente,
                todo el curso suspendido.
                   Dejarla quiero al beleño
                de este descanso, entre tanto
                que da tregua a su llanto,
                árboles guardadla el sueño.

(Vase y sale el príncipe don Pedro con Brito.)

Príncipe   Gracias a Dios, Brito amigo,
                  que he salido a ver mi bien.
                  ¿Quién fue más dichoso, quién
                  pudo igualarse conmigo?
                  ¿Posible es, Brito, que estoy
                  donde pueda ver mi esposa,
                  entre cuya llama hermosa
                  simple mariposa soy?

Brito   Tan posible, que llegamos
                  a la quinta que está enfrente
                  del Mondego.

Príncipe   Aguarda, tente.

Brito   ¿Has visto algo entre los ramos?

Príncipe   ¿No ves a Inés celestial
                  que aquí a la vista se ofrece?

Brito   Que está dormida parece
                  al margen de aquel cristal
                  que la fuente vierte. Calla.
                  No la despiertes, señor.

Príncipe   Díselo, Brito, a mi amor.

Brito   Luego, ¿quieres despertalla?

Príncipe   Quiero, Brito, y no quisiera
                  impedirla el descansar.

Brito	Será lástima inquietar su sosiego.

(Soñando.)

Inés	Tente, espera...
Príncipe	Parece que habla.
Brito	Estará, señor, entre sueño hablando.
Príncipe	¿Qué estará mi bien soñando?
Brito	Contigo el sueño será.
Inés	¡Que me mata, tente, aguarda! ¡Alonso, Dionís, Violante!
Príncipe	Deja, Brito, que adelante pase, porque ya se tarda mi deseo en ver despierto mi hermoso Sol.
Brito	Llega pues, pero despertar a Inés será grande desacierto.
Inés	No me maten tus rigores; ¿por qué me quitas la vida? Pedro, Pedro de mi vida, esposo, mi bien.
Príncipe	Amores,

mucho he debido al pesar
que en ti ha ocasionado el sueño,
pues te trajo, hermoso dueño,
en mi pecho a descansar.

Inés   ¡Pedro, señor, dueño amado!

Príncipe   ¿Qué tienes, Inés?

(Despierta.)

Inés   Soñaba
que la vida me quitaba...

Príncipe   ¿Quién?

Inés   Un león coronado,
y a mis dos hijos —¡ay cielo!—
de mis brazos ajenaba
y airado los entregaba
—aun no cesa mi recelo—
a dos brutos que inhumanos
los apartaron de mí.

Príncipe   ¿Eso, Inés, soñaste?

Inés   Sí.

Príncipe   Fueron tus recelos vanos,
desecha, Inés, el dolor,
cóbrate más valerosa,
si bien estás más hermosa
con el susto y el temor.

Inés	¿Eres mío?
Príncipe	Tuyo soy.
Inés	Y tuya me fe será.
Brito	¿Adónde Violante está? A pedirla celos voy.

(Vase Brito.)

Inés

Nunca como hoy, dueño mío,
temí de mi amor mudanzas,
no porque de ti no fío,
sino por ser desdichada.
Apenas de nuestra quinta
salí a caza esta mañana,
cuando vi una tortolilla
que entre los chopos lloraba
su amante esposo perdido.
Yo, de verla lastimada,
llegué a temer que mi suerte
no me trajese a imitarla.
Vi luego que de una vid
un olmo galán se enlaza,
y envidiosa de sus dichas
también se me turbó el alma.
Pues un tronco bruto goza
posesión más bien lograda,
yo apenas gozo el bien
cuando todo el bien me falta.
Y como en la tortolilla
he visto más declaradas
mis sospechas temerosas,

siendo yo tan desdichada,
no es mucho, Pedro, que tema
llegar a irritar sus ansias.

Príncipe   Inés, si el Sol en la tierra,
como produce las plantas,
infundiera en cada flor
una deidad, y llegara
a reducir as bellezas
con las de tu hermosa cara
—que es la mayor, dueño mío—,
en otra mujer, palabra
te doy que siendo tuyo
en mi corazón no hallara
ni un cortesano cariño,
ni una amorosa palabra,
ni un pequeño ofrecimiento,
ni un afecto en que mostrara
átomos de la afición
con que te adoro, que tanta
fuerza tiene tu hermosura
desde que está retratada
en mi pecho, que tu nombre
tiene por objeto el alma.
¿Alonso y Dionís, adónde
están?

(Sale Alonso, niño.)

Alonso   ¿Padre?

Príncipe   ¡Prenda amada!
¿Y vuestro hermano?

Alonso	Señor, ahora merendando estaba, ¿quieres que vaya a llamarle?
Príncipe	Sí, mi vida.
Inés	Espera, aguarda.

(Salen Brito y Violante alborotados.)

Brito	¡Señor! ¡Señor! Oye.
Príncipe	Brito, ¿qué dices?
Violante	¡Señora!
Inés	¡Cielos! ¿qué es esto? Dilo, Violante.
Violante	Dilo, Brito, que no puedo.
Príncipe	¿De qué os turbáis? Hablad ya.
Brito	Por la orilla del Mondego y el camino de la quinta tres coches se han descubierto y del rey parecen.
Inés	¿Hay más desdichas?
Príncipe	Ve en un vuelo y reconoce quién es.

Brito	Yo ya he visto, aunque de lejos, que el rey y la infanta vienen y Alvar González con ellos y Egas Coelo.
Príncipe	Ambos son dos traidores encubiertos.
Violante	Ya llegan.
Inés	Pues yo me voy a retirar.
Príncipe	Deteneos, señora, que estando yo con vos, no hay que temer riesgos.

(Salen el rey don Alonso, la infanta, Álvar González, Egas Coello y acompañamiento.)

Rey	Aquesta es la quinta, entrar. ¡Pedro!
Príncipe	Señor, ¿qué es esto?
Infanta (Aparte.)	(Ahora empieza mi venganza.)
Inés (Aparte.)	(Ahora empiezan mis celos.)
Rey (Aparte.)	(Ahora empieza mi castigo.)
Príncipe (Aparte.)	(Ahora empieza mi tormento.)

Álvar (Aparte.)	(Ahora se enoja el rey.)
Egas (Aparte.)	(Ahora se quieta el reino.)
(Aparte los dos.)	
Violante	Ahora te echan a galeras.
Brito	Ahora te dan ducientos por alcahueta, Violante.
Violante	Miente y calle.
Brito	Callo y miento.
Rey	No sé cómo reportarme. En fin, príncipe don Pedro, ¿ocasionáis a que haga vuestro padre estos excesos de salir para buscaros fuera de la corte?
Inés (Aparte.)	(Cielos, temiendo estoy su rigor, pero con todo yo llego.) Déme vuestra majestad a besar su mano.
Rey (Aparte.)	(¿El cielo mayor belleza ha formado? De mirarla me enternezco.) ¿Cómo os llamáis?
Inés	Doña Inés

de Castro.

Rey Alzaos del suelo.

Inés Quien a vuestros pies se ve
goza, señor, de su centro,
pues en ellos...

Rey Levantad.

Inés ...toda mi ventura tengo.

Rey (Aparte.) (¡Qué honestidad, qué cordura!)
¿Quién es esto caballero?

Príncipe Un deudo cercano mío.

Rey También debe ser mi deudo.
Lindo es. ¿Cómo os llamáis?

Alonso Alonso, al servicio vuestro.

Rey Por vuestro abuelo será.

Inés Tiene muy honrado abuelo.

Rey Y muy hermosa y muy noble
madre.

Infanta (Aparte.) (¿Qué ha sido esto, cielos?)

Rey Vamos.

Infanta (Aparte.) (¿A esto el rey me trajo?

	Perderé el entendimiento.)
Rey	Venid, Infanta.
Egas	Señor, ved que para vuestro reino este inconveniente es grande.
Álvar	Y con este impedimento de doña Inés, doña Blanca no logrará su deseo de casar en Portugal.
Rey	Ya lo he mirado, Egas Coello; mas no es ocasión agora de salir de tanto empeño.
Alonso	Dadme la mano, señor, y la bendición.
Rey	¡Qué bueno! ¿Hay más gracioso muchacho?
Infanta (Aparte.)	(Mis desdichas voy sintiendo.)
Rey	Adiós, doña Inés.
Inés	Señor, guarde mil años el cielo a vuestra real majestad, para mi señor y dueño de mi albedrío.
Rey	¡Inés!

¡Cuánto con el alma siento,
no poder aquí, aunque quiera,
mostrar lo mucho que os quiero!

Brito   Violante, adiós; que me voy.

Violante   Brito, adiós; que lo deseo.

Príncipe   Adiós, Inés de mi vida.

Inés   Adiós, adorado dueño.

Príncipe   ¡Muerto voy!

Inés   ¡Yo voy sin alma!

Príncipe   ¡Qué desdicha!

Inés   ¡Qué tormento!

(Vanse todos.)

Fin de la primera jornada

Jornada segunda

Salen la infanta y Elvira, criada.

Infanta   Esta ya es resolución,
no me aconsejes, Elvira.

Elvira   Infanta, señora, mira
que aventuras tu opinión.

Infanta   Aunque lo advierto no ignoro
también que en desprecio tal,
una mujer principal
atropella su decoro.
    Deja ya de aconsejarme
y repara que, agraviada,
ofendida y despreciada,
he de morir o vengarme.
    A muchas han sucedido
desprecios de voluntad,
mas no de a calidad
que yo los he padecido.
    Bien que Inés es muy bizarra,
y aunque hermosa llegue a verse,
no es justo llegue a oponerse
a una infanta de Navarra,
    que compitiendo las dos,
aunque es grande su belleza,
para igualar mi grandeza
el Sol es poco, ¡por Dios!

Elvira   El rey sale.

Infanta   Pues, Elvira,

	déjame sola, que agora he de hablar claro.
Elvira	¿Señora?
Infanta	Obedece, calla y mira.
Elvira	Ya me voy, y ruego al cielo que se acabe tu cuidado.

(Vase Elvira.)

Infanta	El agravio declarado no admite ningún consuelo.

(Sale el rey, y Coello.)

Rey	Déjenme solo, Coello, que a solas pretendo hablarla; quisiera desenojarla.
Infanta (Aparte.)	(Pues me ofrece su cabello la Ocasión, quiero lograr mi intento.) ¿Señor?
Rey	¿Infanta?
Infanta	¿Tanto favor? ¿Merced tanta? ¿Que vos me vengáis a honrar: ¡Gran ventura!
Rey	Blanca hermosa, tanto os estimo y venero, tanto, bella Infanta, os quiero,

que fuera dificultosa
la acción que para serviros
no emprendiera; y este afecto,
hijo de vuestro respeto,
me obliga siempre a asistiros
con un mudo afecto, y tal,
que en lo entendido y bizarra,
dudo si sois en Navarra
nacida, o en Portugal.

Infanta   Con tanto favor tratáis
mi fe, que ciega os adora,
que confusa el alma, ignora
el modo con que me honráis;
pero advierte mi cuidado,
viendo estos extremos dos,
que me habéis querido vos
hablar como desposado,
y advertido del rigor
que el príncipe usa conmigo,
como padre y como amigo
me mostráis en vos su amor.

Rey   ¿En qué estaba divertida,
hija mía, vuestra alteza?

Infanta   Solo en pensar la presteza,
gran señor, de mi partida.

Rey   ¿Cómo? ¿Con tal brevedad,
infanta, queréis partir?

Infanta   Eso le quiero decir;
oiga vuestra majestad.

Por concierto de mi hermano
y vuestros mudos pesares
—hoy hable la estimación,
los demás afectos callen—
a este mar de Portugal
de nuestros navarros mares,
en una ciudad de leños,
en una escuadra volante
de delfines que volaban
a competencia del aire,
llegué, señor —iay de mí!—
un lunes, para mí martes,
que en el dueño y no en el día
se contienen los azares.
Fue tan próspero y feliz
este deseado viaje
que parece que anunciaban
tan venturosas señales
presagios de la desdicha
que ahora llega a atormentarme.
Salió vuestra majestad
a recibirme y honrarme
con su persona y amor, hijo
de los afectos de padre.
Y cuando al príncipe —iay cielos!—
esperaba para darle
entre la mano de esposa
tiernos requiebros de amante,
posesión del albedrío
uniendo las voluntades,
supe que quedó en Lisboa
sin que su cuidado pase
siquiera a saber con quién
su alteza pasa a casarse.

Este cuidado o descuido
cuidadoso fueron parte
para empezar —¡qué desdicha!—
el alma a alborotarme,
y a temer lo que lloré
dentro de pocos instantes.
Cuatro veces murió el Sol
en los brazos de la tarde,
por cuya muerte la noche
vistió luto funerable,
primero que de su cuarto
fuese al mío a visitarme,
si fue agravio a mi decoro,
júzguelo quien amar sabe.
Al fin vuestra majestad
fue a visitarle una tarde;
lo que le mandó no sé,
mas buen puedo asegurarme
que en defender mi justicia
sería todo de mi parte.
Al fin me fio, y los empeños
que tuve en solo un instante
que le di audiencia, no es bien
que mi lengua los relate;
báteme, siendo quien soy,
que los sepa y que los calle.
Que a no ser dentro de mí
tan bizarra y tan galante,
¿cómo pudiera pasar
por el tropel de desaires
que me han sucedido? ¿Cómo,
sin que acortara volcanes
que en cenizas convirtieran
a quien intentó agraviarme

atrevido y poco atento?
Vamos, señor, adelante,
y perdonad que los celos
llegan a precipitarme,
y el corazón a los labios
se asomó para quejarse.
Pasadas muchas injurias,
que es bien que en silencio pase,
a una quinta del Mondego
fui, porque vos me llevasteis,
a volver más despreciada
que me había mirado antes,
pues se siente más la ofensa
cuando delante se hace
de quien, mirando el desprecio,
llegará a vanagloriarse;
esto, señor, que parece
que es sentimiento que hace
mi persona en exterior,
según os muestre el semblante,
no es sino que así he querido
de mi suceso informarle,
porque sepa que no ignoro
lo que vuestra alteza sabe.
Que a no ser así, es sin duda
que no pasara el desaire
de ir a requebrar los nietos,
cuando me ofreció vengarme;
y a no ser así también,
¿cómo pudiera llevarse
que doña Inés compitiera
—aunque muchas son sus partes—
conmigo? Que no lo hermoso
puede igualar a lo grande.

Decid al príncipe vos,
no como rey, como padre,
que sus empeños disculpo;
que ha acertado al emplearse
en quien tan bien le merece,
y que mire cuando agravie,
que no todas, como yo,
podrán desapasionarse.
Este pliego es a mi hermano,
donde le pido que trate
de enviar por mí, sin que sepa
lo que ha podido obligarme;
que no es bien que le dé cuenta
de semejantes desaires.
Con mi partida, señor,
pongo fin a mis pesares,
principio al gusto de Inés,
y medio para que trate
don Pedro su casamiento,
sin que yo pueda estorbarle;
que, aunque ya lo está en secreto,
como llegó a declararme,
parece que aumenta el gusto
saber que todos lo saben.
Adiós, señor; no me tenga
tu majestad ni me trate
jamás sino de partirme;
porque sería obligarme
a que haga, por detenerme,
lo que no por despreciarme;
que, aunque agora soy prudente,
no sé, en llegando a enojarme,
si me valdrá la prudencia
para no precipitarme.

No detenerme es cordura;
a mi cuarto voy, que es tarde.
No hay, señor, de qué advertirme;
que, pues llegué a declararme,
todo lo habré ya mirado
¡Voy muriendo! Dios le guarde.

Rey   Oye, infanta.

Infanta   Alonso invicto,
vuestra majestad no mande
que un instante me detenga,
o vive Dios, que a esos mares
Parténope desdichada,
me arroje para anegarme.

(Vase la infanta.)

Rey   ¡Alvar González! ¡Coello!

(Salen Álvar González y Egas Coello.)

Álvar   ¿Señor?

Rey   Partid al instante,
y detened a la infanta.

Álvar   Ya voy.

Egas   El príncipe sale.

Rey   No sé cómo de mi enojo
agora podrá librarse.
¡Que así me empeñe mi hijo!

Irme quiero sin hablarle,
que si le hablo sospecho
que no podré reportarme.

(Sale el príncipe solo.)

Príncipe   Señor, ¿vuestra majestad
conmigo airado el semblante?
¿La espalda volvéis, señor,
a vuestra hechura?

Rey   Dejadme,
no me habléis, que estoy cansado
de ver vuestros disparates.
Príncipe, no me veáis.
Egas Coello, aquesta tarde
de Santarén al castillo
le llevad preso, allí pague
inobediencias que han sido
causas de tantos males.

Egas   ¡Qué príncipe tan prudente!

Príncipe   Fues yo, señor... ¿por qué?

Rey   ¡Baste!
Agora veréis si es mejor
obedecer o enojarme.

(Vase el rey.)

Príncipe   En fin, Coello, ¿que voy
preso a Santarén?

Egas
                        Así
lo manda su alteza. A mí,
que noble criado soy,
   me toca el obedecer.

Príncipe
        ¿Sois vos mi alcalde?

Egas
                  El cuidado
y el guardaros ha fiado
a mi noble proceder
   y a sola la lealtad mía,
y así es forzoso el hacello.

Príncipe
        Si agora anochece, Coello,
mañana será otro día.

Egas
        En cualquier aurora es
mi lealtad muy de español.

Príncipe
        Mil cosas fomenta el Sol
que las deshace después.

Egas
        Yo sé que llego a servir
con fe, señor, verdadera,
y así muera cuando muera,
como os sirva con morir.

Príncipe
        Creo que pena os ha dado
el ver que preso voy.

Egas
        Sé que vuestro esclavo soy,
y que solo mi cuidado
   os sirve días y noches
como criado de ley.

| Príncipe | Coello, sirvamos al rey; |
| | id a prevenir los coches. |

(Vase Coello y sale Brito.)

| Príncipe | ¿Qué hay, Brito? ¿Qué te parece |
| | de estrella tan importuna? |

| Brito | De esto nos da la fortuna |
| | cada día que amanece. |

| Príncipe | ¡Qué doloroso trasunto! |
| | Muerto estoy, estoy perdido. |

| Brito | Solo Belerma ha vivido |
| | con el corazón difunto. |

| Príncipe | Parte, Brito; dile a Inés... |
| | ¿Así te vas? |

(Hace Brito que se va.)

| Brito | ¿Por qué no? |

| Príncipe | ¿Qué le dirías? |

Brito	¿Qué sé yo?
	Ya te lo diré después.
	Quisiera, señor, ponerme
	en la iglesia de San Juan
	porque esperezos me dan
	de que el rey ha de prenderme.

Príncipe	¿Y esto temes, Brito? Vete;
	mas ¿por qué te ha de prender?
Brito	Fácil es de conocer;
	porque he sido tu alcahuete;
	y en ocasión semejante
	llegara a sentir de veras
	ir a bogar a galeras,
	como me dijo Violante.
Príncipe	Brito, ve a la esposa mía,
	y dila que pierdo el seso
	hasta que la vea.
Brito	Y tras eso,
	¿cómo el rey preso te envía?
Príncipe	Que a explicar mi sentimiento
	no basto, y si a eso te obligo,
	di todo lo que no digo,
	pues no cabe en lo que siento.
Brito	Diréle que partes ciego
	por su amor, lo que la adoras,
	lo que suspiras y lloras,
	cuánto te abrasa su fuego.
Príncipe	A mucho te has obligado;
	que el mal a que estoy rendido
	bien cabe en lo padecido;
	mas no cabrá en lo contado.
	Dila que el rey inhumano...
	Oye, Brito, y no la aflijas,
	y aquellas dos perlas, hijas

de aquel nácar castellano...

Brito   No te enternezcas, señor;
mira que llorando estás.

Príncipe   ¡Ay, Brito! No puedo más.

Brito   ¿Adónde está tu valor?
Préndate el rey, que el proceso
podrás romper algún día.

Príncipe   Mas si preso me quería,
¿para qué dos veces preso?

(Vanse los dos. En la quinta orillas del Mondego. Salen doña Inés y Violante.)

Violante   ¿Acabaste ya el papel?

Inés   No.

Violante   Pues, ¿cómo?

Inés   He reparado
que no cabrá mi cuidado
ni mis finezas en él.

Violante   ¿Leíste la glosa?

Inés   Sí,
y es tal, que pude llegar
cuando la miré, a pensar
que se escribió para mí.

Violante   ¿Sábesla ya?

Inés	Ya lo sé.
Violante	¿Toda?
Inés	Nada hay que te espante; mientras estuve, Violante, en mi cuarto la estudié.
Violante	¿Quieres decirla, señora?
Inés	Sí, Violante, aquésta es. Atiende.
Violante	Ya escucho.
Inés	Pues no te diviertas agora.

Inés

Ya lo sé.

Violante

¿Toda?

Inés

Nada hay que te espante;
mientras estuve, Violante,
en mi cuarto la estudié.

Violante

¿Quieres decirla, señora?

Inés

Sí, Violante, aquésta es.
Atiende.

Violante

Ya escucho.

Inés

Pues
no te diviertas agora.
    «Mi vida, aunque sea pasión,
no querría yo perdella,
por no perder la razón
que tengo de estar sin ella.»
    Dichoso y favorecido
me vi, Nise, en un instante,
y luego pasé de amante
a extremos de aborrecido;
mas, aunque airado Cupido,
la flecha trocó en arpón,
no pudo ser ocasión
para desear mi muerte,
que he de querer por quererte,
mi vida, aunque sea pasión.
    El alma con que vivía
se fue a ti cuando pensaba

que en mi pecho la hospedaba
como tuya, siendo mía;
y aunque perdida la vía,
sin formar de amor querella,
contento me vi sin ella;
mas a no ser en despojos,
Nise, de tus bellos ojos,
no querría yo perdella.

   Gobierno del hombre han sido
voluntad y entendimiento
con que a la razón atento
mientras hombre fui, he vivido;
pero después que Cupido
puso en ti mi inclinación,
puede tanto mi pasión
que jamás, bella mujer,
no te quisiera perder
por no perder la razón.

   Cautivo y sin libertad
vivo después que te vi,
y aunque viví en mí sin mí,
rendido a tu voluntad,
esperé de ti piedad;
pero después que a mi estrella
tu imperio, Nise, atropella,
es tan corta mi ventura,
que ella misma me asegura
que tengo de estar sin ella.

(Sale Brito.)

Brito   Esconde, Inés, si es posible,
que no será fácil, de esos
peligrosos dulces ojos

los hermosos rayos negros.
Esconde, por vida tuya,
lo canicular, lo fresco,
lo florido, lo nevado,
lo apacible, lo severo,
lo buscado, lo temido,
lo juguetón, lo compuesto,
lo alegre, lo mesurado,
lo lindo, lo más que bello
de esa cara, que un nublado
no le ha de faltar a un cielo
donde hay tantas pesadumbres.

Inés   ¿Qué dices?

Brito   Vete de presto,
que viene la Infanta acá.

Inés   ¿La Infanta acá?

Brito   Pretendiendo
hallar en esa ribera,
por no perder el trofeo,
una garza que del aire
hoy ha derribado, entiendo
que ha de llegar.

Inés   Oye, Brito,
¿garza?

Brito   Sí.

Inés   ¿Y ella la ha muerto?

Brito	Ella ha sido, que a volar con un escuadrón soberbio de pájaros salió armada.
Inés	Escuadrón sería de celos, pues vino a matarme a mí.
Brito	En un alazán soberbio, con la rienda en una mano y en la otra uno de ellos, la vieras como una Palas, o la borracha de Venus.
Inés	Válgame Dios, ¿qué he de hacer? Quiero retirarme, quiero que no me vea; mas no, sin duda es mejor acuerdo esperarla y ver si pueden cortesanos cumplimientos obligarla.
Brito	Dices bien.
Inés	Dime agora de mi dueño. ¿Cómo le dejaste, Brito? ¿Tiene el príncipe don Pedro salud?
Brito	Aunque de su parte solo a visitarte vengo, para que sepas, señora, lo que pasa allá de nuevo, no es posible, solo digo, mi señora que te puedo

asegurar que esta noche
vendrá a verte.

Inés   ¿Cierto?

Brito   Cierto.

Inés   Y dime, Brito, ¿qué hay
de la infanta?

Brito   Que la veo
ya junto a ti.

Inés   Enhoramala
venga a estorbar mis intentos.

(Salen la infanta, Álvar González, Egas Coello y cazadores.)

Infanta   Mucho he sentido perdella.

Álvar   Remontó, señora, el vuelo
tanto, que ha sido imposible
el hallarla.

Infanta   El aire creo
que en sí la habrá transformado
para volar más ligero,
pues de ella envidiosa pudo
tomar ligereza.

Inés   El cielo
dé a vuestra alteza, señora,
la vida que yo deseo.

Infanta (Aparte.)	(No me estuviera muy bien.)
	Inés, levantad del suelo.
	¿Vos aquí?
Inés	Si esta ventura
	de hablaros, señora, y veros,
	por estar aquí he ganado,
	decir sin lisonja puedo
	que solo he sido dichosa
	aqueste instante que os veo.
Infanta	¿Cómo estáis?
Inés	Para serviros
	como mi señora y dueño.
Infanta (Aparte.)	(Parece que está triste.
	¿Si ha sabido que a don Pedro
	le prendió el rey? Es, sin duda.
	Pues, Amor, examinemos
	si podéis vivir en mí,
	que, aunque ya muerto os contemplo,
	para llegarlo a creer
	falta el último remedio.)
	Triste estáis.
Inés	Señora, ¿yo?
Infanta	No os aflijáis, que os prometo
	que me holgara de poder
	daros, doña Inés, consuelo.
	El príncipe en asistiros
	nunca pudo ser eterno,
	siempre ha menester casarse,

ya lo está conmigo.

Inés   ¡Cielos!
            ¿Qué decís?

Infanta   Que a Santarén
como ya sabéis, fue preso,
y saldrá para que así,
en un dichoso himeneo,
junte dos almas que vos
habéis dividido.

Inés (Aparte.)   (Esto
no se puede ya llevar,
que, fuera de ser desprecio,
son celos, y nadie ha habido
cuerda en llegar a tenerlos.
Responderla quiero.)

Infanta   Inés,
suspended un poco el vuelo
con que altiva, habéis volado,
reducíos a vuestro centro,
y sírvaos de corrección,
de aviso y de claro ejemplo
que a una blanca garza, hija
de la hermosura del viento,
volé esta tarde, y, altiva,
cuando ya llegaba al cielo,
la despedazó en sus garras
un gerifalte soberbio,
enfadado de mirar
que a su coronado cetro
desvanecida intentase

66

competir. Eso os advierto.

Inés (Aparte.)   (No puedo
callar ya.)

Álvar   Mucho la infanta
se ha declarado.

Egas   Yo temo
alguna desdicha aquí.

Inés   Infanta, con el respeto
que a tanta soberanía
se debe, deciros quiero
que no ajéis de mi nobleza
lo encumbrado con ejemplos.
Yo soy doña Inés de Castro
Coello de Garza, y me veo,
si vos de Navarra infanta,
reina de aqueste hemisferio
de Portugal, y casada
con el príncipe don Pedro
estoy primero que vos;
mirad si m casamiento
será, Infanta, preferido,
siendo conmigo y primero.
No penséis, señora, no,
que es profanar el respeto
que debo, hablaros así,
sino responder que intento
desempeñar a mi esposo;
pues si él asiste en mi pecho,
con él habláis, no conmigo;
y puesto que soy él, debo,

67

si habláis con doña Inés,
responder como don Pedro.

Infanta   ¡Oh, Inés, cómo os olvidáis
que la que cayó del cielo
era garza!

Inés   Y blanca y todo,
según vos dijisteis.

Infanta   Bueno,
¿vos me respondéis a mí,
equívocos desacuerdos?

Inés   Mal he hecho yo, señora.

Álvar   ¡Que así perdiese el respeto
a tanta soberanía!

Inés   Sí, dije —¡válgame el cielo!—
que era blanca.

Infanta   Bien está;
retiraos.

Inés   Amor, ¿qué es esto?

Egas   El rey viene ya.

Infanta   Mi enojo
quiero reprimir.

Inés   Yo entro
temerosa y afligida.

Vamos, Violante, que espero
hallar en Dionís y Alonso,
si no remedio, consuelo.

(Vanse doña Inés y Violante y sale el rey y acompañamiento.)

Rey   Lograr no pensé el hallaros.

Brito   Voy a decir a don Pedro
todo cuanto ha sucedido.

(Vase Brito.)

Rey   Hija infanta, ¿qué es aquesto?
¿Cómo ha pasado la tarde
vuestra alteza en el empleo
de la caza?

Infanta   Gran señor,
en la falda de ese cerro,
que la guarnece de plata
un lisonjero arroyuelo,
descubrimos una garza,
y aunque al remontar el vuelo
perdió la vida, volvió
a vivir, señor, de nuevo,
que no tengo con las garzas
ni jurisdicción ni imperio,
después que una garza a mí
con viles celos me ha muerto.

Rey   No os entiendo.

Infanta   ¡Ay, gran señor,

69

pues bien podéis entenderlo!
Que no es la enigma difícil
ni es el engaño encubierto.
Doña Inés agora acaba
de decirme que don Pedro,
el príncipe, es ya su esposo;
y aunque él lo dijo primero,
no lo creí, por pensar
que pudiera ser incierto;
mas después que doña Inés,
sin decoro y sin respeto,
se atrevió a decirlo a mí,
ha sido fuerza el creerlo.

Rey

¿Que la modestia de Inés,
virtud y recogimiento,
pudo atreverse a perder
la veneración que os tengo?
Vive Dios, Alvar González,
que el príncipe, loco y ciego
ha de ocasionarme a dar
con su muerte un escarmiento
tan grande, que a Portugal
sirva de futuro ejemplo.
Yo remediaré esta injuria.

Infanta

Señor, el mejor remedio
es no buscarle, que yo
desde este instante os prometo
olvidar, que solo olvido
puede ser, si bien lo advierto,
medio para que se acabe
mi enojo, señor, y el vuestro.

Rey   ¿Qué os parece, Alvar González?

Álvar   Señor, si ya todo el reino
espera con alegría
este feliz casamiento,
será grance inconveniente
—así, gran señor, lo entiendo—
que no llegue a ejecutarse;
y así, fuera buen acuerdo
apartar a doña Inés
de Portugal.

Rey   ¿Cómo puedo,
si está casada?

Álvar   Señor,
cuando aqueste impedimento,
que es el mayor, no se pueda
remediar...

Rey   Dame consejo.

Álvar   Me parece que la vida
de Inés...

Rey   ¿Qué decís?

Álvar   Entiendo...

Rey   Declaraos ¿Por qué teméis?
¡Acabad!

Álvar   Tengo por cierto
que peligrará.

Rey	¿Por qué?
Álvar	Señor, porque en solo eso consistía el que pudiese gozar la infanta a don Pedro.
Infanta	Eso no, que mis agravios, aunque ofendida los siento, no han de pasar a poder conmigo más que yo puedo. Viva mil siglos Inés, que si hoy por ella padezco, no es culpada en mis desdichas, yo sí, pues yo las merezco.
Rey	Vamos a mirar mejor lo que se ha de hacer en esto.
Álvar	¿A la ciudad?
Rey	No, que estoy cansado y algo indispuesto. Vamos a la casería, Alvar González, de Coello.
Infanta	¿Está cerca?
Álvar	Sí, señora.
Rey	Disponed, piadoso cielo, modo para consolarme, que si aquesto dura, temo que me han de acabar la vida,

pesares y sentimientos.

Infanta   Vamos, señor.

Rey   Vamos, hijo.

Infanta   ¡Qué valor!

Rey   ¿Qué entendimiento!

Infanta   ¡Qué prudencia!

Rey   ¡Qué cordura!
                 Dadme la mano que quiero
                 ser vuestro escudero yo.

Infanta   Tanto favor agradezco.

Rey   ¡Quién viera de aquesta suerte,
                 Blanca hermosa, a vos y a Pedro!

(Vanse todos y salen doña Inés y el príncipe don Pedro.)

Inés   Digo que no me aseguro.

Príncipe   ¿Posible es que no conoces
                 que es imposible engañar,
                 Inés, tus hermosos soles?
                 Cese el disgusto, mi bien,
                 y acábense los rigores;
                 no me mates con desaires,
                 basta matarme de amores.
                 ¿Tú enojada? ¿Tú tan triste?
                 ¿Cómo puede ser que borren

nublados de tus discursos
tus hermosos esplendores?
Habla, Inés, dime tu pena,
¿por qué, mi bien, no respondes?
Más vale si he de morir
que me refieran tus voces
la causa por que me matas;
no es bien que sintiendo el golpe,
cuando no ignoro el morir
el por qué, mi bien, ignore.

Inés
Señor, esposo, mi vida,
dueño mío, Pedro...

Príncipe
Ahorre
tu lengua, Inés, epítetos
y dime ya quién te pone
a ti con tal desconsuelo
y a mí en tantas confusiones.

Inés
Tu padre...

Príncipe
Habla.

Inés
...pretende...

Príncipe
Acaba, amores.

Inés
...dispone...

Príncipe
¿Qué te turbas?

Inés
...que te cases.

Príncipe	Si aquesos son tus temores,
	inadvertida has andado,
	pues sabes que en todo el orbe
	no he de tener otro dueño.

Inés	Aunque miro tus acciones,
	esposo y señor, dispuestas
	a hacerme tantos favores,
	es bien que adviertas que ya
	la Fortuna cruel dispone
	que te pierda, dueño mío,
	y que de tus brazos goce
	la infanta que te previene
	tu padre para consorte.
	Y puesto que no es posible
	que seas mío ni que logre
	más finezas en tus brazos,
	será fuerza que me otorgues,
	Pedro, dueño de mi alma,
	piadosas intercesiones
	para que el rey, de mi vida
	a vital hebra no corte.
	Con tus hijos viviré
	en lo áspero de los montes,
	compañera de las fieras;
	y con gemidos feroces
	pediré justicia al cielo,
	pues que no la hallé en los hombres,
	de quien de tan dulce lazo
	aparta dos corazones.
	Mis hijos y yo, señor,
	con tiernas exclamaciones,
	huérfanos y sin abrigo,
	daremos ejemplo al orbe

de los peligros que pasa
y a cuántas penas se expone
quien, sin ver inconvenientes,
se casa loca de amores.
Por lo que un tiempo me quiso,
señor, es bien que me otorgue
esta merced, no padezca
quien fue vuestra los rigores
de una injusticia, mi bien,
que mármoles hay y bronces
que harán vuestra fama eterna.
Ahora es tiempo de que note
la mayor fineza en vos;
mostrad, mostrad los blasones
de vuestra heroica piedad,
para que conozca el orbe
que si matarme el rey ha pretendido,
me habéis, heroico dueño, defendido
con valiente osadía y fe constante,
por mujer, por esposa y por amante.

Príncipe   No creyera, bella Inés,
que jamás desconfiaras
de la fe con que te adoro;
alza del suelo, levanta,
enjuga los bellos ojos,
que las perlas que derramas
parecen mal en la tierra,
en tu nácares las guarda,
que no hay en el mundo quien
se atreva, esposa, a comprarlas.
Si mi padre la cerviz
me derribara a sus plantas;
si la infanta, que aborrezco,

la vida, Inés, me quitara
porque mi padre contento
quedase, y ella vengada,
no solo fuera su esposo,
pero yo de mi garganta
derribara la cabeza
primero que me obligara
a decir sí, que te adoro
de tal suerte, prenda amada,
que sin ti no quiero vida.

Inés   ¿Cumplirásme esa palabra?

Príncipe   Digo mil veces que sí.

Inés   Pues ya mi temor se acaba.
Dime, ¿cómo has quebrantado
la prisión?

Príncipe   Esta mañana
a Egas Coello le pedí
me dejase que llegara
a verte, y aunque es traidor,
temiendo que me enojara,
no me impidió.

Inés   Pues, señor,
volved antes que las guardas
os echen menos, que es tarde,
y volvedme a ver mañana.

Príncipe   Adiós, Inés.

Inés   Adiós, Pedro,

no me olvides.

Príncipe   Excusada
está, esposa, esa advertencia.

Inés   ¿Si vuestro padre os lo manda?

Príncipe   No puede tener mi padre
jurisdicción en mi alma.

Inés   ¿Y si la infanta porfía?

Príncipe   Aunque porfíe la infanta.

Inés   ¿Y si el reino se conjura?

Príncipe   Aunque se perdiera España.

Inés   ¿Tanta firmeza?

Príncipe   Soy monte.

Inés   ¿Tanto amor?

Príncipe   Solo le iguala
el tuyo.

Inés   ¿Tanto valor?

Príncipe   Nadie en el valor me iguala.

Inés   ¿Tan grande fe?

Príncipe   Sí, que ciego

a tus luces soberanas,
no es menester que te vea
para que te adore.

Inés   Basta;
adiós, mi bien.

Príncipe   Adiós, dueño,
¡quién cortigo se quedara!

Inés   ¡Quién se partiera contigo!
Muerta quedo.

Príncipe   ¡Voy sin alma!

Inés   Adiós, adorado esposo.

Príncipe   Adiós, esposa adorada.

(Vanse todos.)

Fin de la segunda jornada

Jornada tercera

(Dicen dentro, como de caza.)

Uno

¡To, to por acá! ¡Acudid,
aprisa el sabueso, aprisa!
¡Al valle, al valle, a la fuente,
no se escape, arriba, arriba,
no se nos vaya!

Brito

Éstos son
cazadores de Coímbra.

Otro

¡Subid al monte, subid!
¡Huyendo va la corcilla,
hacia la fuente, acudid!

(Salen el príncipe y Brito.)

Príncipe

¡Ay, doña Inés de mi vida!
Parecióme que acosada,
mal hallada y perseguida,
hacia la fuente llegaba.

Brito

¿Quién, señor?

Príncipe

Mi Inés divina.

Brito

¿Otro agüerito tenemos?

Príncipe

Sin duda fue fantasía,
porque a ser verdad, es cierto
que mi esposa no se iría,
Brito, a arrojar a la fuente,

	sino a las lágrimas mías.
Brito	De Santarén has venido y estamos ya de la quinta una legua poco más; pronto la verás muy fina entre tus brazos.
Príncipe	¡Ay, cielos!
Brito	Y agora, ¿por qué suspiras?
Príncipe	Porque no llego a sus brazos.
Brito	Todo esto es azarería.
Príncipe	Di, Brito, que éste es deseo de gozar la peregrina deidad de Inés, que es tan grande que solo pudo a ella misma igualarse.
Brito	Así es verdad.
Príncipe	Todas las flores de envidia suelen quedar...
Brito	¿De qué suerte?
Príncipe	O agostadas o marchitas. La rosa, reina de todas, mirando a mi Inés divina quedó corrida de verla, pálida y envejecida.

El clavel, Brito, agostado,
cuando miró en sus mejillas
más viva púrpura envuelta
en sangre de Venus fina.
Díjome un bello jazmín:
«Jamás, príncipe, permitas
que tu Inés vea las flores,
porque en viéndolas, corridas,
no se atreven a crecer;
y tras sí mismas perdidas,
siendo maravillas todas,
dejan de ser maravillas.»

Brito

¿Cuándo te ha hablado el jazmín
que te ha dicho estas mentiras?
Ten seso y vamos al caso.

Príncipe

Advierte, pues yo quería,
porque ninguno me viese
no llegar hasta la quinta.
Y para esto esta carta
de Santarén traigo escrita,
porque desde aquí la lleves;
y otra también prevenida
traigo para el condestable;
llévalas pues.

Brito

        ¿Y me envías
con estas cartas a mí?

Príncipe

Pues ¿a quién jamás se fía
mi pecho, si no es a ti?
Parte, acaba.

Brito	Y si por dicha me encontrase Alvar González y Egas Coello, que privan con el rey tu padre agora, y hecho general visita de todas las faltriqueras viesen las cartas, y vistas me mandasen ahorcar; pregunto, señor, ¿sería buen viaje el que hubiera hecho?
Príncipe	No temas, pues que te anima mi valor.
Brito	¡Qué linda flema! Si estoy ahorcado por dicha una vez, ¿de qué provecho lo que me ofreces sería? ¿Para mí podría valerme tu valor en la otra vida?
Príncipe	Brito, llevarlas es fuerza.
Brito	¿Pues por qué causa a la vista de la quinta te detienes?
Príncipe	Porque mi padre en la quinta me dicen que está, de Coello, que a cazar vino estos días, y no quiero que me vea.
Brito	Y si prosiguen la enigma de la garza esos dos sacres que la prisión solicitan

de Inés, pregunto, señor,
¿qué hará el príncipe?

Príncipe   ¿Por dicha,
aquestos sacres villanos
se atreverán a mi dicha?
Porque guardada mi garza
y alentada de sí misma,
aunque con tornos la cerquen,
aunque airados la persigan,
remontará tanto el vuelo
que la perderán de vista.
Y los sacres altaneros,
cuando vean que examina
por las campañas del aire
toda la región vacía,
cansados de remontarse
en mirándola vecina
del cielo, que es centro suyo,
y en él a Inés esculpida,
si la buscan garza errante,
la hallarán estrella fija.

Brito   Lindamente la has volado,
di ya lo que determinas.

Príncipe   Que partas, Brito, al Mondego,
que yo te espero en la quinta
que está de allá media legua
y una legua de Coímbra.

Brito   Allí estaré escondido
mientras yo aviso a la ninfa
más hermosa de la tierra.

Príncipe	Sí, Brito; allí determina
	mi amor quedarte esperando,
	allí la esperanza mía,
	hasta que te vuelva a ver,
	de un cabello estará asida.
	Allí mi amor mal hallado,
	aguardará a que le digas
	si puede llegar a ver
	el objeto que le anima.
	Allí, Brito, viviré,
	si es que puede ser que viva,
	quien tiene, como yo tengo,
	en otra parte la vida.
Brito	Allí puedes esperar
	a que luego allí te diga
	lo que allí ha pasado, allí;
	que has dicho una retahila
	de allíes para cansar
	con allíes una tía.
	¡Cuerpo de Dios con tu allí!
Príncipe	Dila muchas cosas; dila
	que las niñas de mis ojos,
	en su memoria perdidas,
	si bien como niñas lloran,
	sienten también como niñas...
Brito	¡Viva el príncipe don Pedro!
Príncipe	Di que Inés mi dueño viva.
Brito	¡Qué amor tan de Portugal!

86

Príncipe   ¡Qué verdad tan de Castilla!

(Vanse y salen a un balcón doña Inés y Violante con almohadillas.)

Inés   ¿Qué hora es?

Violante   Las tres han dado.

Inés   Trae, Violante, el almohadilla.

Violante   Aquí está ya.

Inés   Pues sentadas,
                           esto que falta del día
                           estemos en el balcón.
                            ¡Ay de mí!

Violante   ¿Por qué suspiras?

Inés   Porque desde ayer estoy
                           sin el alma que me anima.

Violante   ¿Cantaré?

Inés   Canta, Violante.
                           Divierte las penas mías.
(Canta Violante.)   «En verdad que yo la vi,
                           en el campo entre las flores,
                           cuando Celia dijo así:
                           ¡Ay que me muero de amores,
                           tengan lástima de mí!»

Inés   Aguarda, espera, Violante,

	deja agora de cantar,
	que temo alguna desdicha
	que no podré remediar.
Violante	¿Qué tienes, señora mía?
	¿Hay algún nuevo pesar?
Inés	Por los campos de Mondego
	caballeros vi asomar,
	y según he reparado
	se van acercando acá.
	Armada gente les sigue,
	válgame Dios, ¿qué será?
	¿A quién irán a prender?
	Que aunque puedo imaginar
	que el rigor es contra mí,
	me hace llegarlo a dudar
	que son para una mujer
	muchas armas las que traen.
Violante	Jesús, señora, ¿eso dices?
Inés	Violante, no puede más
	mi temor; pero volvamos
	a la labor, que será
	inadvertida prudencia
	pronosticarmne yo el mal.

(Salen el rey, Álvar González, Egas Coello y gente.)

Rey	Mucho lo he sentido, Coello.
Álvar	Señora, vuestra majestad
	por sosegar todo el reino

no la ha podido excusar.

Egas Señor, aunque del rigor
que queréis ejecutar,
parezca que en nuestro afecto
haya alguna voluntad,
sabe Dios que con el alma
la quisiéramos librar;
pero todo el reino pide
su vida, y es fuerza dar,
por quitar inconvenientes,
a doña Inés.

Rey Ea, callad.
¡Válgame Dios, trino y uno!
Que así se ha de sosegar
el reino. ¡A fe de quien soy,
que quisiera más dejar
la dilatada corona
que tengo de Portugal,
que no ejecutar severo
en Inés tan gran crueldad.
Llamad, pues, a doña Inés.

Egas Puesta en el balcón está
haciendo labor.

Rey Coello,
¿visteis tan gran beldad?
¡Que he de tratar con rigor
a quien toda la piedad
quisiera mostrar!

Álvar Señor,

| | si severo no os mostráis |
| | peligra vuestra corona. |

Rey
    Alvar González, callad;
dejadme que me enternezca,
si luego me he de mostrar
riguroso y justiciero
con su inocente deidad.
¡Ay, Inés, cómo ignorante
de esta batalla campal
es poco acero la aguja
para defenderte ya!
Llamadla, pues.

Álvar
                  Doña Inés,
mirad que su majestad
manda que al punto bajéis.

Rey
    ¿Hay más extraña maldad?

Inés
    Ponerme a los pies del rey
será subir, no bajar.

(Vanse del balcón.)

Álvar
    Ya viene.

Rey
          No sé dónde
la pudiera —¡ay Dios!— librar
de este rigor, de esta pena;
mas, por Dios, que he de intentar
todos les medios posibles.
Egas Coello, mirad
que yo no soy parte en esto;

y si es que se puede hallar
modo para que no muera,
se busque.

Egas   Llego a ignorar
el modo.

Álvar   Yo no le hallo.

Rey   Pues si no le halláis, callad,
y a nada me repliquéis.

(Salen doña Inés, los niños, y Viclante.)

Inés   Vuestra majestad real
me dé sus plantas, señor;
Dionís y Alonso, llegad;
besadle la mano al rey.

Rey (Aparte.)   (¡Qué peregrina beldad!
¡Válgate Dios por mujer!
¿Quién te trajo a Portugal?)

Inés   ¿No me respondéis, señor?

Rey   Doña Inés, no es tiempo ya
sino de mostrarme airado,
porque vos la causa dais
para alborotarme el reino
con intentaros casar
con el príncipe, mas esto
es fácil de remediar,
con probar que el matrimonio
no se puede hacer.

Inés	Mirad…
Rey	Inés, no os turbéis, que es cierto; vos no os pudisteis casar siendo mi deuda, con Pedro sin dispensación.
Inés	Verdad es, señor, lo que decís; mas antes de efectuar el matrimonio, se trajo la dispensación.
Rey	Callad, noramala para vos, doña Inés, que os despeñáis, pues si es como vos decís, será fuerza que muráis.
Inés	De manera, gran señor, que cuando vos confesáis que soy deuda vuestra, y yo, atenta a mi calidad, ostentando pundonores, negada a la liviandad, para casar con don Pedro, dispensas hice sacar, ¿mandáis que muera —¡ay de mí!— a manos de esta crueldad? ¿Luego el haber sido buena queréis, señor, castigar?
Rey	También el hombre en naciendo

parece, si le miráis,
de pies y manos atado,
reo de desdichas ya,
y no cometió más culpa
que nacer para llorar.
Vos nacisteis muy hermosa,
esa culpa tenéis, mas...

(Aparte.)   (No sé, vive Dios, qué hacerme.)

Egas   Señor, vuestra majestad
                no se enternezca.

Álvar   Señor,
                no mostréis ahora piedad,
                mirad que aventuráis mucho.

Rey   Callad, amigos, callad,
                pues no puedo remediarle,
                dejádmele consolar.
                ¡Doña Inés, hija, Inés mía...!

Inés   ¿Estoy perdonada ya?

Rey   No; sino que quiero yo
                que sintamos este mal
                ambos a dos, pues no puedo
                librarte.

Inés   ¿Hay desdicha igual?
                ¿Por qué, señor, tal rigor?

Rey   Porque todo el reino está
                conjurado contra vos.

93

Inés	Dionís, Alonso, llegad,
	sulpicad a vuestro abuelo
	que me quiera perdonar.
Rey	No hay remedio.
Alonso	¡Abuelo mío!
Dionís	¿No ve a mi madre llorar?
	Pues, ¿por qué no la perdona?
Rey	Apenas puedo ya hablar,
	Inés, que muráis es fuerza,
	y aunque la muerte sintáis
	sabe Dios, aunque yo viva,
	quién ha de sentirla más.
Inés	No siento, señor, no siento
	esta desdicha presente,
	sino porque Pedro ausente
	tendrá mayor sentimiento;
	antes viene a ser contento
	en mí esta muerte homicida,
	que perder por él la vida
	no ha sido nada, señor,
	porque ha mucho que mi amor
	se la tenía ofrecida;
	y cuando tu majestad
	quiera quitarme la vida
	la daré por bien perdida,
	que en mí viene a ser piedad
	lo que parece crueldad,
	si bien en viendo mi muerte
	y mi desdichada suerte

morirá también mi esposo,
pues este rigor forzoso
no será en él menos fuerte.

   De parte os ponéis, señor,
del mal, porque al bien excede,
y ayudar a quien más puede
es flaqueza, no es valor;
si el cielo dio a Pedro amor
y a mí —porque más dichosa
mereciese ser su esposa—
belleza de él tan amada,
no me hagáis vos desdichada
porque me hizo Dios hermosa.

   Sed piadoso, sed humano;
¿cuál hombre, por lo cortés,
vio una mujer a sus pies,
que no le diese una mano?
Atributo es soberano
de los reyes la clemencia.
Tenga, pues, en mi sentencia,
piedad vuestra majestad,
mirando mi poca edad
y mirando mi inocencia.

   No os digo tales afectos
aunque el sentimiento elijo
por mujer de vuestro hijo,
por madre de vuestros nietos,
sino porque hay dos sujetos
que muerto uno, ambos mueren;
que si dos liras pusieren
sin disonancia ninguna
herida solo la una
suena esotra que no hieren.

   ¿Nunca, di, llegaste a ver

una nube que hasta el cielo
sube amenazando el suelo,
y entre el dudar y el temer
irse a otra parte a verter,
cesando la confusión,
y no en su misma región?
Pues en Pedro esto ha de ser,
siendo nubes en su ser,
son llanto en mi corazón.
  ¿No oíste de un delincuente
que por temor del castigo
llevando a un niño consigo
subió a una torre eminente,
y que por el inocente
daba sustento el juez piadoso?
Pues yo a mi Pedro me así,
dadme vos la vida a mí
porque no muera mi esposo.

Rey   Doña Inés, ya no hay remedio;
           fuerza ha de ser que muráis,
           dadme mis nietos y adiós.

Inés   ¿A mis hijos me quitáis?
           Rey don Alonso, señor,
           ¿por qué que queréis quitar
           la vida de tantas veces?
           Advertid, señor, mirad
           que el corazón a pedazos,
           dividido me arrancáis.

Rey   Llevadlos, Alvar González.

Inés   Hijos míos, ¿dónde vais,

dónde vais sin vuestra madre?
¿Falta en los hombre piedad?
¿Adónde vais, luces mías?
¿Cómo que así me dejáis
en el mayor desconsuelo
en manos de la crueldad?

Alonso   Consuélate, madre mía,
y a Dios te puedes quedar,
que vamos con nuestro abuelo
y no querrá hacernos mal.

Inés   ¿Posible es, señor, rey mlo,
padre, que así me cerráis
la puerta cara el perdón
que no lleguéis a mirar
que soy vuestra humilde esclava?
¿La vida cueréis quitar
a quien rendida tenéis?
Mirad, Alonso, mirad,
que aunque vos llevéis mis hijos,
y aunque abuelo seáis,
sin el amor de la madre
no se han de poder criar.
Agora, señor, agora,
ahora es tiempo de mostrar
el mucho poder que tiene
vuestra real majestad.
¿Qué me respondéis, rey mío?

Rey   Doña Inés, no puedo hallar
modo para remediaros,
y es mi desventura tal
que tengo agora, aunque rey,

limitada potestad.
Alvar González, Coello,
con doña Inés os quedad,
que no quiero ver su muerte.

Inés   ¿Cómo, señor, os vais;
a Alvar González y a Coello
inhumano me entregáis?
Hijos, hijos de mi vida;
dejádmelos abrazar.
Alonso, mi vida, hijo
Dionís, amores, tornad,
tornad a ver vuestra madre.
Pedro mío, ¿dónde estás,
que así te olvidas de mí?
¿Posible es que en tanto mal
me falte tu vista, esposo?
¡Quién te pudiera avisar
del peligro en que afligida
doña Inés, tu esposa, está!

Rey   Venid, conmigo, infelices
infantes de Portugal.
¡Oh, nunca, cielos, llegara
la sentencia a pronunciar,
pues si Inés pierde la vida,
yo también me voy mortal!

(Vanse el rey y los niños.)

Inés   ¿Qué al fin no tengo remedio?
Pues rey Alonso, escuchad.
Apelo aquí al supremo
y divino tribunal,

adonde de tu injusticia
la causa se ha de juzgar.

(Vanse todos. Sale el príncipe con una caña en la mano.)

Príncipe   Cansado de esperar en esta quinta
donde Amaltea sus abriles pinta
con diversos colores
cuadros de murtas, arrayán y flores,
sin temer el empeño,
me he acercado por ver mi hermoso dueño,
a esta caña arrimado,
que por lo humilde solo la he estimado,
pues al verla me ofrece
que en lo humilde a mi esposa se parece.
Entré por el jardín sin que me viera
el jardinero, pasé la escalera,
y sin que nadie en casa haya encontrado,
he llegado a la sala del estrado.
¡Hola, Violante, Inés, Brito, criados!
Nadie responde; pero, ¿qué enlutados
a la vista se ofrecen?
El condestable y Nuño me parecen.

(Salen el condestable y Nuño con lutos.)

Condestable   ¡Válgame Dios!

Nuño   El príncipe es sin duda.

Condestable   Yerta tengo la voz, la lengua muda.

Príncipe   Condestable, ¿qué es esto? ¿Qué hay de nuevo?

Condestable	Decidlo, Nuño, vos.
Nuño	Yo no me atrevo.
Príncipe	¿Qué tenéis? Respondedme en dudas tantas.
Condestable	Dénos tu majestad sus reales plantas.
Príncipe	¿Mi padre es muerto ya?
Condestable	Señor, la Parca cortó la vida al ínclito monarca.
Príncipe	Pues, ¿adónde murió?
Condestable	En la quinta ha sido de Egas Coello, porque había venido su majestad a caza, y de repente le sobrevino el último accidente de su vida, y de suerte nos quedamos, que con haberlo visto, lo dudamos.
Príncipe	Aunque con justo llanto deba sentir haber perdido tanto, mi mayor sentimiento —la lengua se desmaya y el aliento— es no haberme llamado para verle morir. Mas pues el hado dispuso —adversa suerte— que no llegase al tiempo de su muerte, en sus honras verán hoy mis vasallos en cuánto al dolor llego a imitallos, excediendo a la pena de esta nueva todo el dolor y pena que yo deba.

Y pues m Inés divina es tan hermosa,
mi muy arrada esposa,
ya que alegre y contenta
hoy su grandeza en Portugal ostenta,
todo en aqueste día,
si hasta aquí fue pesar, será alegría.
Llamad a mi Inés bella.

Condestable (Aparte.)

(¡Qué desdicha!)

Príncipe   No se dilate, Nuño, aquesta dicha;
                    al punto llamad a mi ángel bello.

Condestable   Sepa tu majestad que Egas Coello
                    y Alvar González a Castilla han ido.

Príncipe   Sin duda mis enojos han temido.
                    Alcanzadlos, que quiero
                    ser piadoso, no airado y justiciero,
                    y a los pies de mi Inés luego postrados,
                    de mí y la reina quedarán honrados.

Nuño (Aparte.)   (¡Oh deschichada suerte!)

Condestable   (Hoy recelo del príncipe la muerte.)

(Vanse Nuño y el condestable.)

Príncipe   ¡Que ha llegado el día
                    en que pueda decir que Inés es mía!
                    ¡Qué alegre y qué gustosa
                    reinará ya conmigo Inés hermosa!
                    Y Portugal será en mi casamiento

todo fiestas, saraos y contento,
o en público saldré con ella al lado;
un vestido bordado
de estrellas la he de hacer, siendo adivina,
porque conozcan, siendo Inés divina,
que cuando la prefiero,
si ellas estrellas son, ella es lucero.
¡Oh, cómo ya se tarda!
¿Qué pensión tiene quien amante aguarda!
¿Cómo a hablarme no viene?
Mayores sentimientos me previenen.
A buscarla entraré, que tengo celos
de que a verme no salgan sus dos cielos.

(Canta una voz.)

Voz   «Dónde vas el caballero
dónde vas, triste de ti?
Que la tu querida esposa
muerte está que yo la vi.
Las señas que ella tenía
bien te las sabré decir:
su garganta es de alabastro
y sus manos de marfil.»

Príncipe   ¡Aguarda, voz funesta,
da a mis recelos y temor respuesta,
aguarda, espera, tente!

(Sale la infanta de luto y le detiene.)

Infanta   Espera tú, señor, que brevemente
a tu real majestad decirle quiero
lo que cantó llorando el jardinero.

Con el rey mi señor que muerto yace,
por cuya muerte todo el reino
hace tan justo sentimiento,
a divertir un rato el pensamiento,
salí a caza una tarde,
haciendo a mi valor vistoso alarde
llegué a esa quinta donde yace muerto,
este dolor advierto
—ioh cielos, oh pena airada!—
hallé una flor hermosa, pero ajada,
quitando —ioh dura pena!—
la fragrancia a una cándida azucena,
dejando e golpe airado
un hermoso clavel desfigurado,
trocando con airado desconsuelo,
una nube de fuego en duro hielo.
Y en fin,—muestre valor ya tu grandeza—
a quitar hoy al mundo la belleza
provocándole a ello
Alvar González y el traidor Coello.
Con dos golpes airados
arroyos de coral vi desatados
de una garganta tan hermosa y bella
que aun mi lengua no puede encarecella,
pues su tersa blancura
cabal dechado fue de su hermosura.
Parece que no entiendes
por las señas quién es, o es que pretendes
quedar del sentimiento
por basa de su infausto monumento;
mas para que no ignores
quién padeció estos bárbaros rigores
ya te diré quién es, estáme atento,
que, su sangre sembrada por el suelo,

murió tu bella Inés.

Príncipe   ¡Válgame el cielo!

(Desmáyase.)

Infanta   Del pesar que ha tomado
el nuevo rey —¡ay Dios!— se ha desmayado.
¡Caballeros, hidalgos, hola gente!

Condestable   ¿Qué manda vuestra alteza?

Infanta   Un accidente
al rey le ha dado, remediadle al punto,
pues temo es ya difunto,
que yo, compadecida
de que la hermosa Inés perdió la vida
y de aqueste espectáculo sangriento,
en las alas del viento,
lastimada y amante,
a Navarra me parto en este instante.

(Vase la infanta.)

Condestable   El rey está desmayado.
Rey de Portugal, señor,
cese, cese ya el dolor
que el sentido os ha quitado,
si vuestra esposa ha faltado
no faltéis vos; id severo,
riguroso, airado y fiero
contra quien os ofendió,
quien amante os advirtió
os admire justiciero.

(Vuelve en sí el príncipe.)

Príncipe

Si Inés hermosa murió
¿no fue por quererme? Sí.
¿Muriera mi Inés aquí
si no me quisiera? No.
Luego la causa soy yo
de la pena que le han dado;
¿cómo Pedro, desdichado,
si Inés murió vivo quedas?
¿Cómo es posible que puedas
no morir de tu cuidado?

En fin, Inés, por mí ha sido,
por mí que ciego te adoro
—de cólera y pena lloro
la muerte que has padecido
sin haber a merecido—.
¿Cuál fue la mano cruel
que de m inocente Abel
—a pesar de mi sosiego—
bárbaro, atrevido y ciego
cortó el hermoso clavel?

¿Qué me detengo? Ya voy;
voy a ver mi muerto bien.
¿Quién, cielos divinos, quién
me ha olvidado de quien soy?
¿Cómo reportado estoy?
Aguarda. Inés celestial,
que también estoy mortal;
no te partas sin tu esposo,
que me dejarás quejoso
si no partimos el mal.

Condestable	¿Dónde vas, señor?
Príncipe	A ver mi doña Inés hermosa, a ver mi difunta esposa, a la que reina ha de ser.
Condestable	Mirad que podéis perder la vida, señor.
Príncipe	Callad; dejad que la vea, dejad que en su brazos llegue a verme, que no hago nada en perderme perdida ya su deidad.

(Sale Nuño.)

Nuño	Ya a Alvar González y a Coello presos trajeron, señor.
Príncipe	Mostrar quiero mi rigor en los dos. ¡Ay, ángel bello! Quisiera poder hacello en estos dos inhumanos, matándolos con mis manos sin que mi piedad inciten. Por las espaldas les quiten los corazones villanos; y para mayor tormento, procuren, si puede ser, que los dos los puedan ver antes que les falte aliento; y luego para escarmiento,

con dos crueles arpones,
entre horror y confusiones,
queden mil pedazos hechos.
¡Oh, si pudiera en dos pechos
caber muchos corazones!
   Veamos agora a Inés.

Condestable   Gran señor, no la veáis;
mirad que así aventuráis
la vida. Vedla después.

Príncipe   ¿Por lástima tenéis
de mi vida si estoy muerto?
Verla quiero, pues advierto
que no puede ser mayor
mi tormento y mi dolor.

Condestable   Ya, gran señor, esta abierto.

(Descubren a doña Inés muerta sobre unas almohadas.)

Príncipe   ¿Posible es que hubo homicida
fiero, cruel y tirano,
que con sacrílega mano
osó quitarte la vida?
   ¿Cómo es posible —¡ay de mí!—
cómo, cómo puede ser,
que quien a mí me dio el ser
te diese la muerte a ti?
   Por su cuello —¡pena fiera!—
corre la púrpura helada
en claveles desatada.
¡Ay, doña Inés, quién pudiera
   detener ese raudal,

dar vida a ese hermoso Sol,
dar aliento a ese arrebol,
y soldar ese cristal!
    ¡Ay mano, ya sin recelo
ser alabastro pudieras,
que hasta agora no lo eras
porque te faltaba el hielo!
    Ya faltó tu hermoso abril,
si bien piensa mi cuidado,
Inés, que te ha transformado
en estatua de marfil.
    Si la vida te faltó
tampoco, Inés, tengo vida,
pues me hermosa luz perdida
no estoy menos muerto yo.
    Nuño de Almeida, a Violante
de mi parte la decid
que os entregue una corona
que yo a mi esposa le di
cuando me casé, en señal
de que reinaría feliz
si viviera.

Nuño   Voy por ella.

(Vase.)

Príncipe   Vos, condestable, advertid
que os encarguéis del entierro,
llevándola desde aquí
a Alcobaza con gran pompa
honrándome en ella a mí.
Y porque yo gusto de ello,
el camino haréis cubrir

de antorchas blancas que envidie
el estrellado zafir
todas diez y siete leguas,
que también lo hiciera así
si como son diez y siete
fueran diez y siete mil.

(Vase el condestable, trae Nuño la corona y besa la mano a doña Inés.)

Nuño   Ésta es la corona de oro.

Príncipe   De otra manera entendí
que fuera Inés coronada,
mas pues no lo conseguí,
en la muerte se corone.
Todos los que estáis aquí
besad al difunta mano
de mi muerto serafín;
yo mismo seré rey de armas.
¡Silencio, silencio! Oíd:
Ésta es la Inés laureada
ésta es a reina infeliz
que mereció en Portugal
reinar después de morir.

(Sale el condestable.)

Condestable   Murieron los dos, a quien
espalda y pecho hice abrir.

Príncipe   Cubrid el hermoso cuerpo
mientras que voy a sentir
mi desdicha. ¡Ay, bella Inés!
Ya no hay gusto para mí,

que faltándome tu Sol.
¿cómo es posible vivir?
Vamos a morir, sentidos;
amor, vamos a sentir.

(Vase el príncipe.)

Condestable   Ésta es la Inés laureada
con que el poeta da fin
a su tragedia, en que pudo
reinar después de morir.

Fin

Libros a la carta

A la carta es un servicio especializado para
empresas,
librerías,
bibliotecas,
editoriales
y centros de enseñanza;
y permite confeccionar libros que, por su formato y concepción, sirven a los propósitos más específicos de estas instituciones.

Las empresas nos encargan ediciones personalizadas para marketing editorial o para regalos institucionales. Y los interesados solicitan, a título personal, ediciones antiguas, o no disponibles en el mercado; y las acompañan con notas y comentarios críticos.

Las ediciones tienen como apoyo un ibro de estilo con todo tipo de referencias sobre los criterios de tratamiento tipográfico aplicados a nuestros libros que puede ser consultado en Linkgua-ediciones.com.

Linkgua edita por encargo diferentes versiones de una misma obra con distintos tratamientos ortotipográficos (actualizaciones de carácter divulgativo de un clásico, o versiones estrictamente fieles a la edición original de referencia). Este servicio de ediciones a la carta le permitirá, si usted se dedica a la enseñanza, tener una forma de hacer pública su interpretación de un texto y, sobre una versión digitalizada «base», usted podrá introducir interpretaciones del texto fuente. Es un tópico que los profesores denuncien en clase los desmanes de una edición, o vayan comentando errores de interpretación de un texto y esta es una solución útil a esa necesidad del mundo académico.

Asimismo publicamos de manera sistemática, en un mismo catálogo, tesis doctorales y actas de congresos académicos, que son distribuidas a través de nuestra Web.

El servicio de «libros a la carta» funciona de dos formas.

1. Tenemos un fondo de libros digitalizados que usted puede personalizar en tiradas de al menos cinco ejemplares. Estas personalizaciones pueden ser de todo tipo: añadir notas de clase para uso de un grupo de estudiantes, introducir logos corporativos para uso con fines de marketing empresarial, etc. etc.

2. Buscamos libros descatalogados de otras editoriales y los reeditamos en tiradas cortas a petición de un cliente.

www.ingramcontent.com/pod-product-compliance
Lightning Source LLC
La Vergne TN
LVHW041301080426
835510LV00009B/826